Zur Reform der Lebensmittelgesetzgebung.

Von

Geh. Regierungsrat Prof. Dr. A. Juckenack
Direktor der Staatlichen Nahrungsmittel-Untersuchungsanstalt,
Referent im Preuß. Ministerium für Volkswohlfahrt.

Vortrag, gehalten am 28. September 1920
auf der 18. Jahresversammlung des Vereins deutscher
Nahrungsmittelchemiker in Eisenach.

Berlin und Leipzig 1921
Vereinigung wissenschaftlicher Verleger
Walter de Gruyter & Co.
vormals G. J. Göschen'sche Verlagshandlung — J. Guttentag, Verlagsbuchhandlg. —
Georg Reimer — Karl J. Trübner — Veit & Comp.

Inhalt.

I.

Die Bundesratsverordnung vom 7. März 1918 über die Genehmigung von Ersatzlebensmitteln gehört bald der Kriegsgeschichte an. Denn durch die zu ihrer Aufhebung erlassene Verordnung vom 15. September 1920 tritt sie mit dem 1. Oktober 1920 außer Kraft. Losgelöst aus dem Rahmen der allgemeinen Lebensmittelgesetzgebung regelte sie den Verkehr mit Ersatzlebensmitteln verschiedener Art selbständig, indem sie insbesondere Ersatzmittelstellen mit weitgehenden Revisionsbefugnissen schuf, die Genehmigungspflicht für die Herstellung von Ersatzlebensmitteln einführte, und das Genehmigungsverfahren den Ersatzmittel- und Beschwerdestellen übertrug.

Da diese Verordnung nunmehr nur noch eine historische Bedeutung hat, und wir in der Zeit des Wiederaufbaues leben, in der man sich nicht mit Vergangenem aufhalten soll, sondern klar darüber werden muß, was unter den veränderten Verhältnissen zum Schutze der Verbraucher unter Berücksichtigung der berechtigten Bedürfnisse des gesunden Lebensmittelverkehrs erstrebenswert und zweckmäßig ist, möchte ich davon absehen, die Vorzüge und Mängel der nunmehr verlassenen Gesetzgebung näher zu erörtern, vielmehr prüfen, was demnächst zu veranlassen sein wird. Hierbei mitzuwirken halte ich mich um so mehr für verpflichtet, als die Durchführung der in Rede stehenden Gesetze lediglich Aufgabe der Länder ist, und Preußen nicht nur im Hinblick auf den Umfang seines Staatsgebietes im Verhältnis zum gesamten Reichsgebiet, sondern auch deswegen noch besonders berührt wird, weil in ihm die verschiedensten wirtschaftlichen Verhältnisse — große Industriegebiete, Städte jeder Größe, rein ländliche Bezirke, landwirtschaftliche Erzeugungsgebiete aller Art mit entsprechenden landwirtschaftlichen Nebenbetrieben, Lebensmittel-Groß- und Klein-Industrie sowie -Handel — eine Rolle spielen, ganz abgesehen davon, daß ich fast ein

Menschenalter mit der praktischen Durchführung der Lebensmittelgesetze in Dienststellen verschiedener Art und Größe sowie in Stadt und Land, in Nord und Süd, in Ost und West verwachsen bin.

Für zweckmäßig erachte ich es, zunächst die Begründung der Reichsregierung vorzutragen, mit der kürzlich die Ersatzlebensmittelsondergesetzgebung aufgehoben wurde.

„Begründung.

Die Verordnung über die Genehmigung von Ersatzlebensmitteln vom 7. März 1918 (RGBl. S. 113) wurde in einer Zeit erlassen, in der der Markt mit wertlosen Ersatzlebensmitteln überschwemmt wurde. Denn je mehr im Laufe des Krieges der Mangel an Lebensmitteln zunahm, um so mehr machte sich in einem Teile des Lebensmittelverkehrs das Bestreben bemerkbar, mit ungeeigneten und unbrauchbaren Rohstoffen Ersatzmittel für Lebensmittel verschiedener Art zu schaffen. Dadurch gelangten die Ersatzlebensmittel allmählich allgemein in einen üblen Ruf, trotzdem es schon seit langem volkswirtschaftlich und ernährungsphysiologisch wertvolle und wichtige Ersatzmittel gibt, auf die auch künftig nicht verzichtet werden kann, und auf die zu verzichten keinerlei Anlaß vorliegt. Nach dieser Richtung sei z. B. nur auf die Margarine, den Kunsthonig, das Kunstspeisefett im Sinne des Margarinegesetzes, den Margarinekäse, den mit Hilfe von Essigsäure zubereiteten Essig, auf Pferdefleischwurstwaren, künstliche Brauselimonaden, künstliche Mineralwässer und Kornkaffee aller Art verwiesen. Der Zweck der Ersatzlebensmittelverordnung vom 7. März 1918 war daher vornehmlich der, die Mißstände im Verkehre mit dem vorerwähnten Kriegsersatz weitestgehend zu beseitigen und die Entwicklung von Auswüchsen im Verkehre mit den übrigen Ersatzlebensmitteln zu verhüten. Zu dem Zwecke wurde ein Genehmigungsverfahren eingeführt, d. h. es wurde angeordnet, daß Ersatzlebensmittel gewerbsmäßig nur dann hergestellt, angeboten, feilgehalten, verkauft oder sonst in den Verkehr gebracht werden dürfen, wenn sie von einer Ersatzmittelstelle genehmigt sind. Zugleich wurden Ersatzmittelstellen eingerichtet, die zum Teil für je ein Land, zum Teil für je eine Provinz, zum Teil für mehrere Länder zuständig sind. Um eine möglichst einheitliche Handhabung der Verordnung zu gewährleisten, wurden Ausführungsbestimmungen erlassen. Außerdem wurden den Ersatzmittelstellen die Anschauungen maßgeblicher Behörden und die Auffassungen des ehrlichen Verkehrs bei Streitfragen bekanntgegeben. Die Ersatzmittelstellen waren als Kriegsorganisationen, aber nicht als dauernde Behörden eingerichtet, um, sobald sich die Kriegsmaßnahmen als nicht mehr erforderlich erweisen sollten, ohne weiteres aufgehoben werden zu können. Denn die in Rede stehende Regelung des Verkehrs mit Ersatzlebensmitteln erfolgte unabhängig von der allgemeinen Lebensmittelgesetzgebung, die durch sie unberührt geblieben war.

Bereits seit Errichtung des Deutschen Reichs ist in der Gesetzgebung dem Verkehre mit Lebensmitteln weitgehend Rechnung getragen worden. Aus dem Reichsstrafgesetzbuche kommt neben dem § 263 (Betrug) der § 367 Ziffer 7 in Betracht. Am 14. Mai 1879 (RGBl. S. 145) ist das allgemeine Gesetz über den Verkehr mit Nahrungsmitteln, Genußmitteln und Gebrauchsgegenständen erlassen worden, dem verschiedene Sondergesetze, insbesondere über den Verkehr mit Butter, Käse, Schmalz und deren Ersatzmitteln, mit Wein, weinhaltigen und weinähnlichen Getränken sowie Kognak, mit künstlichen Süßstoffen, mit Fleisch und Fleischzubereitungen sowie mit den bei der Herstellung von Lebensmitteln in Betracht kommenden Farben folgten. Ergänzt wurden diese Gesetze durch zum Teil weitgehende Ausführungsbestimmungen. Kurz vor Kriegsausbruch war zudem bereits in Aussicht genommen, das allgemeine Nahrungsmittelgesetz durch eine Bestimmung zu erweitern, die es ermöglicht, im Verordnungswege jederzeit einzugreifen, sobald sich hierfür ein besonderes Bedürfnis herausstellt, um nicht in jedem Einzelfalle den Weg der Gesetzgebung beschreiten zu müssen. Seitens des Reichsgesundheitsrats waren daher schon „Entwürfe zu Festsetzungen über Lebensmittel" beraten worden, die demnächst das Reichsgesundheitsamt veröffentlichte, um sie den beteiligten Verkehrskreisen zur Stellungnahme zugänglich zu machen. Derartige Entwürfe liegen für Honig, Speisefette und Öle, Essig und Essigessenz, Kaffee, Kaffeeersatzstoffe und Käse bereits im Drucke vor. Als sich im Laufe des Krieges das Bedürfnis zum Ausbau der allgemeinen Lebensmittelgesetgebung empfindlicher bemerkbar machte, wurden auf Grund des Gesetzes über die Ermächtigung des Bundesrats zu wirtschaftlichen Maßnahmen usw. vom 4. August 1914 Verordnungen gegen irreführende Bezeichnung von Nahrungs- und Genußmitteln (vom 26. Juni 1916, RGBl. S. 588), über fetthaltige Zubereitungen (vom 26. Juni 1916 und 10. März 1920, RGBl. 1916 S. 589; 1920 S. 323), über Fleischbrühwürfel und deren Ersatzmittel (vom 25. Oktober 1917, RGBl. S. 969), über die äußere Kennzeichnung von Waren (vom 18. und 26. Mai, 11. Juni und 25. August 1916 und 5. Dezember 1917, RGBl. 1916 S. 380, 422, 505, 962; 1917 S. 1093), über den Verkehr mit Kakaoschalen (vom 19. August 1915 und 9. März 1917, RGBl. 1915 S. 507; 1917 S. 222) und über das Unbrauchbarmachen von gepulverten Kakaoschalen zum Genusse für Menschen (vom 21. August 1915, RGBl. S. 513) erlassen, die nach wie vor in Kraft bleiben, und deren Aufhebung bisher von keiner Seite angeregt worden ist.

Der Zweck der Ersatzlebensmittelverordnung war nach dem Vorhergesagten vornehmlich der, Kriegsersatzmittel nur dann im Verkehre zuzulassen, wenn sie von der für den Hersteller zuständigen Ersatzmittelstelle hinsichtlich ihrer Brauchbarkeit, der Angaben über ihre Beschaffenheit sowie des Preises geprüft sind. Namentlich die Preisprüfung bereitete unter den obwaltenden Verhältnissen große Schwierigkeiten; sie wurde nach Kriegsende infolge des sprunghaften Wechsels der Preise nahezu unmöglich, weil fast jeder Einkauf von Rohstoffen ein neues Preisgenehmigungsverfahren erforderlich gemacht hätte. Hierdurch wurde in neuerer Zeit der redliche Handel um so mehr getroffen, als es ihm beim Angebote von Rohstoffen kaum noch möglich war, bindende Abschlüsse zu machen, weil er nicht voraussehen konnte, ob die in Aussicht genommene Verarbeitung demnächst aus irgendwelchen Gründen nicht genehmigt werden würde. Denn das Genehmigungsverfahren nimmt naturgemäß geraume Zeit in Anspruch, und die Versagungsgründe können zum Teil auf wirtschaftlichem Gebiete liegen, wo die Verhältnisse in der Zeit der Übergangswirtschaft ständig schwanken. Weiter hat allmählich der Wettbewerb preisregulierend gewirkt, zumal vielfach schon das Angebot weit größer als die Nachfrage ist (z. B. im Verkehre mit Teeersatz, Essenzen für künstliche Brauselimonaden und mit Brühwürfeln). Es ist daher zu prüfen, ob sich die in das Wirtschaftsleben außerordentlich tief einschneidende und hier hemmend wirkende Ersatzlebensmittelverordnung vom 7. März 1918 auch in der gegenwärtigen Zeit noch aufrecht erhalten läßt, zumal sie für ihre Durchführung eine kostspielige Behördenorganisation erfordert.

Um hierüber Klarheit zu gewinnen, sind nicht nur die beteiligten Kreise der Industrie und des Lebensmittelhandels gehört worden, sondern es ist auch Organisationen der Verbraucher mit Einschluß der Konsumvereine zur Stellungnahme weitestgehend Gelegenheit gegeben worden. Hierbei hat sich ergeben, daß die sogenannten Kriegsersatzmittel, die seinerzeit zu der einschneidenden Verordnung Anlaß gaben, vom Markte in der Hauptsache verschwunden, daß im Kleinhandel noch befindliche Reste unverkäuflich sind, und daß die Verbraucher nicht mehr daran denken, einen Ersatz zu kaufen, zu dem sie nur in Zeiten der äußersten Not gegriffen haben. Insbesondere sind daher z. B. die wertlosen Ersatzmittel für Salatöl, die im wesentlichen aus gelbgefärbtem, mit etwas Karragheenschleim versetztem Wasser bestanden, Gewürzersatzmittel in Form von aromatisierter Schlämmkreide, Kriegssuppen aus Rübenschnitzeln, Kaffeeersatz aus Heidekraut und Seegras, Muschelwürste, Käsegeschmacksmittel aus Kartoffelbrei, Fischpuddinge und unsinnig gestreckte Gewürze aus dem Verkehre verschwunden. Sogar nur minderwertiger Teeersatz ist unverkäuflich geworden; Kakaoersatz gibt es nicht mehr. Es wird daher auch seitens der Konsumvereine die sofortige Aufhebung der Ersatzmittelverordnung gefordert, da sie nicht nur den Verkehr hemme, vielmehr in der gegenwärtigen Zeit das Gegenteil von dem zur Folge haben könne, was damals angestrebt wurde. Zutreffend ist z. B. auch aus den Kreisen des Kleinhandels darauf hingewiesen worden, daß während des Krieges notgedrungen manches genehmigt werden mußte, was heute nicht mehr verkehrsfähig ist, und daß daher das Ansehen der zuständigen Behörden nur leidet, wenn noch weiterhin solche Waren mit dem Aufdruck der amtlichen Genehmigung hergestellt und vertrieben werden, da für derartige Genehmigungen die Bevölkerung zur Zeit kein Verständnis mehr hat. Im Anschluß hieran ist geprüft worden, ob im Falle der Aufhebung der Verordnung die Gefahr besteht, daß plötzlich der Markt wieder mit Schwindelartikeln überschwemmt werden könnte. Sämtliche angehörten Kreise haben diese Frage verneint. Es kommt hinzu, daß bei Aufhebung der Ersatzlebensmittelverordnung nicht nur die schon zuvor erwähnte umfangreiche bisherige Lebensmittelgesetzgebung in Kraft bleibt, sondern daß den Strafverfolgungsbehörden und Gerichten auch noch weitere gesetzliche Handhaben zur Bekämpfung von Schwindelmitteln zur Verfügung stehen. Nach dieser Richtung sei nur kurz auf die Verordnungen gegen Preistreiberei vom 8. Mai 1918 (RGBl. S. 395), zur Fernhaltung unzuverlässiger Personen vom Handel vom 23. September 1915 (RGBl. S. 603) in der Fassung des Artikel III der Verordnung vom 27. November 1919 (RGBl. S. 1909), über den Handel mit Lebens- und Futtermitteln vom 23. Juni 1916 und 16. Juli 1917 (RGBl. 1916 S. 581; 1917 S. 626) sowie weiter auf die Reichsgesetze zum Schutze der Warenbezeichnungen vom 12. Mai 1894 (RGBl. S. 441) und gegen den unlauteren Wettbewerb vom 7. Juni 1909 (RGBl. S. 499) verwiesen. Endlich kommen noch verschiedene Polizeiverordnungen, wie z. B. die auf Grund einer im Jahre 1912 getroffenen Vereinbarung in allen Ländern gleichlautend erlassenen Verordnungen über die Herstellung kohlensaurer Getränke und den Verkehr mit solchen Getränken in Betracht. Im übrigen sind seitens des Reichsgesundheitsamts die eingangs erwähnten und durch den Krieg unterbrochenen Arbeiten zur Ergänzung des allgemeinen Nahrungsmittelgesetzes vom 14. Mai 1879 bereits wieder aufgenommen worden, und es wird voraussichtlich in allernächster Zeit ein entsprechender Entwurf vorgelegt werden, wodurch erreicht wird, die gesamte Lebensmittelgesetzgebung möglichst zusammenzufassen und so zu gestalten, daß einerseits die Verbraucher weitestgehend geschützt werden, und andererseits der redliche Verkehr genau erfährt was unzulässig ist, wodurch zugleich eine schnellere und einheitliche Anwendung der einschlägigen Vorschriften durch die an der Strafverfolgung beteiligten Behörden erreicht wird.

Angesichts dieser Sachlage erscheint die Aufhebung der

Verordnung angezeigt, die unter den gegenwärtigen wirtschaftlichen Verhältnissen nicht nur entbehrt werden kann, sondern sogar vielfach hemmend wirkt, ganz abgesehen davon, daß ihre Durchführung ununterbrochen einen großen Kreis von Personen unter erheblichem Kostenaufwand erfordert, deren Arbeitskraft anderweitig im Interesse der Allgemeinheit nutzbringender verwertet werden kann.

Wenn grundsätzlich der Aufhebung der Verordnung zugestimmt wird, ist zur Vermeidung weiterer überflüssiger Arbeit der Ersatzmittelstellen ein möglichst früher Termin des Außerkrafttretens in Aussicht zu nehmen. Als solchen schlägt die Verordnung den 1. Oktober 1920 vor."

Bereits am 18. Oktober 1919 faßte der Verein deutscher Nahrungsmittelchemiker auf seiner 17. Hauptversammlung in Eisenach nach eingehenden Erörterungen folgende Resolution:

„Der Verein deutscher Nahrungsmittelchemiker hält einen weitergehenden Ausbau der bisherigen Ersatzmittelgesetzgebung in Verbindung mit Konzessionspflicht sowohl im Interesse der Verbraucher, als auch der reellen Fabrikanten und Händler nicht für wünschenswert; er empfiehlt vielmehr, die allgemeine Lebensmittelgesetzgebung auszubauen, indem zunächst mit möglichster Beschleunigung ein neues allgemeines Lebensmittelgesetz erlassen wird und im Anschluß daran sobald als möglich bindende Bestimmungen über die einzelnen Lebensmittel gegeben werden. Solange dieser Ausbau der Lebensmittelgesetzgebung nicht erfolgt ist, muß die bisherige Gesetzgebung weiter gehandhabt, und soweit sich Mißstände herausgestellt haben, müssen diese sobald als möglich abgestellt werden."

Aus der soeben vorgetragenen Begründung der Verordnung zur Aufhebung der Ersatzlebensmittelverordnung vom 7. März 1918 ist ersichtlich, daß die Reichsregierung beabsichtigt, den gesetzgebenden Körperschaften in allernächster Zeit einen Entwurf zur Ergänzung des Nahrungsmittelgesetzes vom 14. Mai 1879 vorzulegen, worin wesentlichen schon wiederholt aus unserem Kreise sowie von Vertretern des redlichen Verkehrs zum Schutze der Verbraucher gemachten Vorschlägen Rechnung getragen werden dürfte. Da wir jetzt in der Zeit der Uebergangswirtschaft leben, in der sich die Verhältnisse schon wiederholt sprunghaft geändert haben und sich weiter sprunghaft ändern können, kommt es darauf an, nunmehr schnell und zugleich gründlich zu arbeiten, um den mit der Überwachung des Verkehrs mit Lebensmitteln und Gebrauchsgegenständen betrauten Behörden alsbald die erforderlichen Machtmittel zu geben, sowie zugleich der Industrie und dem Handel möglichst bestimmt zu sagen, was der Gesetzgeber will und was im allgemeinen unzulässig ist. Es wird daher zweckmäßig sein, zunächst das bisherige allgemeine Nahrungsmittelgesetz nach dieser Richtung einer Durchsicht zu unterziehen, damit baldigst die allgemeinen Rechtsgrundlagen für die jeweilig erforderlich werdenden Anordnungen der Reichsregierung gegeben werden.

Bereits am 18. März 1911 hat der Bundesratskommissar im Reichstage u. a. folgendes ausgeführt:

> „Die Notwendigkeit, die Nahrungsmittelgesetzgebung auszugestalten und insbesondere bindende Vorschriften über die Zusammensetzung und die Beurteilung der Nahrungsmittel und weiter darüber zu geben, nach welchen Methoden bei der amtlichen Untersuchung von Nahrungsmitteln vorzugehen ist, ist ja von der Regierung wiederholt anerkannt worden. Wenn Ihnen eine Vorlage hierüber noch nicht zugegangen ist, oder wenn im Wege der Verordnung, soweit das möglich wäre, nach Vereinbarung unter den Bundesregierungen noch nicht vorgegangen worden ist, so liegt das daran, daß ganz außerordentlich umfangreiche und schwierige technische Vorarbeiten notwendig sind. Diese Vorarbeiten sind beim Kaiserlichen Gesundheitsamte seit Jahren in Angriff genommen und sind jetzt soweit gefördert, daß noch im Laufe dieses Monats, am 27., im Gesundheitsamt der Ausschuß des Reichsgesundheitsrats für Nahrungsmittelwesen zusammentreten wird, um die allgemeinen Gesichtspunkte, die bei der Regelung dieser Frage Geltung haben sollen, zu erörtern."

Auf Grund der Ergebnisse dieser Beratungen war die Reichsregierung damals zu der Ansicht gelangt, daß eine Festlegung der an die zahlreichen einzelnen Lebensmittel zu stellenden Anforderungen durch besondere G e s e t z e mit Rücksicht auf die Veränderlichkeit der Verhältnisse, auf die Anwendung neuer Rohstoffe sowie auf neuauftauchende Behandlungsweisen und Fälschungsmittel n i c h t zweckmäßig sei; vielmehr wollte sie die beweglichere Form amtlicher, für das ganze Reich gültiger Verordnungen wählen, und, um dies zu ermöglichen, das Gesetz vom 14. Mai 1879 entsprechend ändern. Dies ist bisher leider noch nicht geschehen.

Vor dem Erlaß des Nahrungsmittelgesetzes spielte insbesondere § 367 Ziffer 7 des Strafgesetzbuches eine Rolle, der den mit Geldstrafe bis 150 M. oder mit Haft bedroht, der „verfälschte oder verdorbene Getränke oder Eßwaren, insbesondere trichinenhaltiges Fleisch feilhält oder verkauft". Zur Anwendung dieses Paragraphen, der die einschlägigen „nachgemachten" Waren noch nicht berücksichtigt, genügen demnach bestimmte objektive Tatbestandsmerkmale, während die entsprechenden §§ 10 Abs. 2 und 11 des Nahrnngsmittelgesetzes vom 14. Mai 1879 darüber hinaus auch in subjektiver Hinsicht besondere Tatbestandsmerkmale vorsehen. In unserer Kriegslebensmittelgesetzgebung ist demnächst wieder der Hauptwert auf die objektiven Tatbestandsmerkmale gelegt, und es dem Richter überlassen worden, zu prüfen, ob nach allgemeinen strafrechtlichen Grundsätzen aus subjektiven Gründen eine Verurteilung zu erfolgen hat und welche Strafe angemessen erscheint. Es wird daher bei der Änderung des Nahrungsmittelgesetzes zu erörtern sein, ob und inwieweit auch in solchen Fällen Strafe angedroht werden soll, in denen bestimmte objektive Tatbestandsmerkmale erfüllt sind. Ich komme hierauf noch zurück.

Das allgemeine Gesetz vom 14. Mai 1879 lautet in seiner Überschrift:

„Gesetz, betr. den Verkehr mit Nahrungsmitteln, Genußmitteln und Gebrauchsgegenständen."

Die Begriffe „Nahrungsmittel" und „Genußmittel" wird man zweckmäßig in den Begriff „Lebensmittel" zusammenfassen und hierbei diesem Begriff wieder seine alte Bedeutung geben, die er durch die Kriegsgesetzgebung leider verloren hat. Herkömmlich zählt man in allen deutsch sprechenden Ländern (z. B. auch in der Gesetzgebung Österreichs) schlechthin alle Nahrungs- und Genußmittel — mithin auch den Rauch-, Kau- und Schnupftabak — zu den Lebensmitteln. Als durch die Kriegsverordnungen über den Handel mit Lebens- und Futtermitteln vom 23. Juni 1916 und 16. Juli 1917 der Begriff „Lebensmittel" ein Rechtsbegriff wurde, erfuhr er durch die Rechtsprechung des Reichsgerichts (Urteil vom 27. November 1917) eine wesentliche Einschränkung. Denn in diesem, seitdem maßgeblichen Urteil heißt es:

„Der Begriff ‚Lebensmittel' in den angeführten Gesetzesvorschriften ist im weitesten Sinne zu verstehen. Es fallen darunter alle zur menschlichen Ernährung dienenden oder geeigneten Stoffe, gleichviel, ob sie fester oder flüssiger Art sind. Der Begriff ist insbesondere auch nicht zu beschränken auf Gegenstände, die zur menschlichen Ernährung notwendig sind, vielmehr sind auch bloße Genußmittel hierher zu zählen, die durch Essen oder Trinken verbraucht werden. Zu den Lebensmittel im Sinne der Verordnung gehören daher auch Wein, Spirituosen, Bier, Selterwasser, Kaffee, Tee, während Tabak, Zigarren, Zigaretten, durch deren Genuß keine eigentliche Zuführung der darin enthaltenen Stoffe in den menschlichen Körper stattfindet (? J.), nicht unter diesen Begriff fallen. Diese Auslegung des Begriffes ‚Lebensmittel' widerspricht auch weder dem allgemeinen Sprachgebrauch (? J.), noch der sonstigen Gesetzessprache. So wird z. B. auch in der Prisenordnung vom 30. September 1909 (RGBl. 1914 S. 275) im Abschnitt III Nr. 23 Abs. 2 der Begriff der Lebensmittel dahin bestimmt, daß darunter alle zur menschlichen Ernährung dienenden festen oder flüssigen Stoffe zu verstehen seien."

Dieser Rechtsprechung folgend, führte s. Z. die Reichsregierung in der Begründung ihres Entwurfes der Verordnung über die Genehmigung von Ersatzlebensmitteln vom 7. März 1918 aus:

„Aus den angeführten Gründen (wegen der bis dahin vielfach einzelstaatlich und örtlich getroffenen Regelung des Verkehrs mit Ersatzlebensmitteln durch Genehmigungs- oder Anmeldepflicht J.) erscheint es notwendig für das ganze Reich die Genehmigungspflicht für Ersatzlebensmittel einzuführen und zwar für Ersatznahrungs- und solche Ersatzgenußmittel, die zum Trinken oder Essen bestimmt sind."

Hier beschränkte man sich also bewußt, obwohl dies in der Verordnung selbst nicht zum Ausdruck gekommen ist, auf die Nahrungs- und die sogenannten alimentären Genußmittel. Im allgemeinen Nahrungsmittelrecht umfaßte der Begriff „Genußmittel" alle Dinge, die der Mensch dem Körper überhaupt — also nicht nur durch die Speiseröhre — zuzuführen und hierdurch zu verbrauchen pflegt, ohne daß sie Nahrungszwecken dienen, also z. B. Reizmittel — wie Tabak und Schnupftabak —, Gewürze — wie Pfeffer und Zimmt —, Anregungsmittel — wie Kaffee und Tee — sowie Geruchsmittel — wie Parfüms und Räuchermittel —. Hinsichtlich der letzteren schwankten allerdings die Anschauungen. Infolgedessen führt das Gesetz über das Branntweinmonopol vom 26. Juli 1918 im § 153 die Riechmittel vorsichtshalber neben den Nahrungs- und Genußmitteln auf. Dieses Gesetz ist sogar so vorsichtig, ebenda die Kräftigungsmittel besonders zu erwähnen, obwohl diese unbedenklich zu den Nahrungsmitteln gehören.

Hiernach muß in der Begründung des Entwurfes für ein neues Nahrungsmittelgesetz klar zum Ausdruck kommen, was unter dem Begriff „Lebensmittel" künftig zusammengefaßt werden soll, sofern man in ihm aus wesentlichen praktischen Gründen sowie auch mit Rücksicht darauf, daß die Begriffe „Nahrungsmittel" und „Genußmittel" vielfach ineinander übergehen, bei vielen Nahrungsmitteln sogar der Genußwert für den Verbraucher von besonderer Bedeutung ist (z. B. beim Kaviar, bei der Butter, den Austern und manchem Fleisch), die beiden Begriffe künftig zusammenfassen will.

Während weiter in der Überschrift des bisherigen Nahrungsmittelgesetzes vom 14. Mai 1879 schlechthin von „Gebrauchsgegenständen" die Rede ist, ist durch § 1 dieses Gesetzes lediglich der Verkehr mit Spielwaren, Tapeten, Farben, Eß-, Trink- und Kochgeschirr sowie mit Petroleum der polizeilichen Beaufsichtigung nach Maßgabe dieses Gesetzes unterworfen. § 12 Abs. 1 Nr. 2 und § 5 Ziffer 4 berücksichtigen weiter gesundheitsschädliche Bekleidungsgegenstände, die im § 1 deswegen nicht erwähnt worden sind, weil man den Verkehr mit ihnen nicht schlechthin der polizeilichen Aufsicht im Sinne von §§ 2, 3 unterwerfen wollte. Andererseits sind im § 12 die Farben im Hinblick auf § 5 Ziffer 4 nicht erwähnt worden, um den Verkehr hiermit und zwar nur in beschränktem Umfange — soweit sie zur Herstellung von Bekleidungsgegenständen, Spielwaren, Tapeten, Eß-, Trink- und Kochgeschirr Verwendung finden —, besonders zu regeln.

In später erlassenen Ergänzungsgesetzen sind jedoch weitere Gebrauchsgegenstände wie z. B. Flüssigkeitsmaße, Druckvorrichtungen zum Ausschank von Bier, Siphons, Saugringe, Warzenhütchen, Leitungen von Bier, Wein und Essig, Geschirre und Gefäße zur Verfertigung von Getränken und Fruchtsäften, Gefäße zur Aufbewahrung von Getränken, Konservenbüchsen, Metallfolien zur Packung von Schnupf- und Kautabak sowie von Käse, Mühlsteine zur Verfertigung von Nahrungs- und Genußmitteln, Gefäße, Umhüllungen und Schutzbedeckungen zur Aufbewahrung und Verpackung von Nahrungs- und Genußmitteln, kosmetische Mittel (einschließlich Mittel zur Pflege der Nägel), Blumentopfgitter, künstliche Christbäume, Möbelstoffe, Teppiche, Stoffe zu Vorhängen und Bekleidungsgegenständen, Masken, Kerzen, künstliche Blätter, Blumen und Früchte, Schreibmaterialien, Lampen- und Lichtschirme sowie Lichtmanschetten und Oblaten berücksichtigt worden. Geht man dieses Verzeichnis durch, so vermißt man auf Grund seiner praktischen Erfahrungen z. B. Trichter für Essig, Metallfolien zur unmittelbaren Packung von Schokolade und anderen Lebensmitteln, sowie Riechmittel, sofern man diese nicht zu den Genuß- und somit auch nicht zu den Lebensmitteln zählen möchte.

Gemäß Artikel 7 der gegenwärtigen Verfassung des Deutschen Reichs vom 11. August 1919 hat dieses u. a. (vgl. Nr. 15) die Gesetzgebung über „den Verkehr mit Nahrungs- und Genußmitteln sowie mit Gegenständen des täglichen Bedarfs". Redaktionell scheint mir hier insofern ein Versehen vorzuliegen, als die Nahrungs- und Genußmittel an erster Stelle zu den Gegenständen des täglichen Bedarfs gehören. Daher heißt es z. B. im § 1 der Bekanntmachung zur Fernhaltung unzuverlässiger Personen vom Handel vom 23. September 1915: „Der Handel mit Gegenständen des täglichen Bedarfs insbesondere mit Nahrungs- und Futtermitteln aller Art sowie rohen Naturerzeugnissen, Heiz- und Leuchtstoffen . . ." Es wird demnach bei der Änderung des Gesetzes vom 14. Mai 1879 nicht nur zu prüfen sein, ob es in der Überschrift künftig besser heißt: „betr. den Verkehr mit Lebensmitteln und anderen Gegenständen des täglichen Bedarfs", sondern zugleich auch, inwieweit die Gegenstände des täglichen Bedarfs der polizeilichen Aufsicht gemäß §§ 2, 3 zu unterwerfen und inwieweit sie im übrigen in dem Gesetz Erwähnung finden müssen. Denn selbstverständlich kann durch dieses Gesetz nicht schlechthin der Verkehr mit allen Gegenständen des täglichen Bedarfs — z. B. nicht der mit Futtermitteln — geregelt werden.

Im § 2 reicht die bisher der Polizei eingeräumte Befugnis, die für den Verkehr mit dem Publikum bestimmten Räume zu betreten, erfahrungsgemäß bei weitem nicht aus. Zudem ist es erforderlich, auch den zuständigen Sachverständigen der Polizei entsprechende Befugnisse zu gewähren und zugleich ihre insoweit in Betracht kommende besondere Vereidigung im Gesetz anzuordnen. Diese Mängel sind bereits in den Sondergesetzen über den Verkehr mit Wein sowie mit Butter, Käse, Schmalz und deren Ersatzmitteln berücksichtigt worden. Industrie und Handel können es zudem nur begrüßen, wenn die Kontrollen, soweit es sich hierbei nicht um einfache Fragen handelt, unter Zuziehung von Sachverständigen vorgenommen werden, damit der Sachverhalt von vornherein weitestgehend geklärt wird. Die Beamten und Sachverständigen der Polizei müssen zudem berechtigt sein, in den in Betracht kommenden Räumen einfache, einen erheblichen Zeitaufwand nicht erfordernde Prüfungen der zu besichtigenden Gegenstände vorzunehmen. Um die bei der Durchführung des Nahrungsmittelgesetzes bisher hervorgetretenen Mängel der in Rede stehenden Art zu beseitigen, sehen neuere preußische Polizeiverordnungen über den gewerblichen und Handelsverkehr mit Lebensmitteln folgende Bestimmung vor:

„Unbeschadet der Vorschriften über den Verkehr mit Nahrungs- und Genußmitteln nach Maßgabe des Gesetzes vom 14. Mai 1879 unterliegen auch die Zubereitung, die Aufbewahrung, das Ausmessen, das Auswägen und die Beförderung der Nahrungs- und Genußmittel der polizeilichen Beaufsichtigung und demgemäß auch alle Räumlichkeiten, Einrichtungen und Geräte, welche der Zubereitung, Aufbewahrung, dem Ausmessen, dem Auswägen und der Beförderung derselben dienen.

Die Beamten und Sachverständigen der Polizei sind daher befugt, alle nach Absatz 1 in Betracht kommenden Räumlichkeiten während der ortsüblichen Geschäftszeit und, wenn der Betrieb zu einer anderen Zeit ausgeübt wird, z. B. in Bäckereien, auch innerhalb dieser Betriebszeit zu betreten. Die Inhaber dieser Räumlichkeiten sind verpflichtet, den Einblick in sie, die Entnahme einer Probe oder die Revision zu gestatten."

Eine ähnliche Maßnahme hat Hamburg inzwischen durch ein besonderes Gesetz getroffen. Hierdurch werden zugleich berechtigte Beschwerden der Kleinhändler ausgeräumt, die dahin gehen, daß nur sie, aber nicht die Hersteller der Lebensmittel, auf deren Zuverlässigkeit sie sich häufig verlassen müssen, der laufenden Betriebskontrolle unterliegen. Durch einen entsprechenden Ausbau des § 2 erübrigen sich die bisherigen Bestimmungen im § 3 des Gesetzes. Es wird aber zu prüfen sein, ob im öffentlichen Interesse nicht besondere Maßnahmen gegen solche Personen vorzusehen sind, die das Gesetz in gemeingefährlicher oder ekelerregender Weise verletzt oder sich wiederholt vorsätzlich gegen das Gesetz vergangen haben. Insbesondere wird nach dieser Richtung die Frage zu erörtern sein, ob nicht die Möglichkeit gegeben werden muß, derartige Personen — sei es im gerichtlichen, sei es im Verwaltungsverfahren — von der Herstellung sowie vom Handel mit Lebensmitteln und anderen Gegenständen des täglichen Bedarfs auszuschließen, zumal die bereits erwähnten Kriegsmaßnahmen zur Fernhaltung unzuverlässiger Personen vom Handel nicht dauernd bestehen bleiben dürften. Bekanntlich ist früher schon wiederholt und von verschiedenen Seiten angeregt worden, durch eine Änderung der Reichsgewerbeordnung weitere Lebensmittelbetriebe, z. B. den Milchhandel und die Wurstfabriken, konzessionspflichtig zu machen, damit die Eignung der Räumlichkeiten und die Zuverlässigkeit der Betriebsinhaber geprüft werden kann (vgl. z. B. R. Abel, Handbuch der praktischen Hygiene, S. 453—454).

Endlich wird im Zusammenhange mit §§ 2, 3 des bisherigen Gesetzes die Frage zu erörtern sein, ob der Reichsregierung die Befugnis zu erteilen sein wird, die zur Einfuhr gelangenden Lebensmittel sowie auch andere Gegenstände des täglichen Bedarfs vor der Zollabfertigung daraufhin prüfen zu lassen, ob sie den einschlägigen deutschen gesetzlichen Ansprüchen genügen, damit die deutsche Bevölkerung nicht durch ausländische Fälscher und Betrüger ausgebeutet sowie anderweitig geschädigt wird. Vorgänge haben wir nach dieser Richtung bereits in den Reichsgesetzen über die Schlachtvieh- und Fleischbeschau sowie über den Verkehr mit Wein. Die durch derartige Kontrollen erwachsenden Kosten, die im Verhältnis zum Wert der Waren gar keine Rolle spielen, können unbedenklich den Einführenden auferlegt werden.

Ein Bedürfnis zu einer Änderung des § 4 des Gesetzes hat sich bisher nicht geltend gemacht. Es sei aber hervorgehoben, daß die in ihm enthaltenen Bestimmungen unbedingt bestehen bleiben müssen, weil die gesamte einschlägige Materie lediglich reichsgesetzlich noch nicht geregelt ist und auch kaum geregelt werden kann.

Zu § 5. Für das ganze Reich rechtsverbindliche Verordnungen

(Ausführungsbestimmungen) sind nicht nur zum Schutze der Gesundheit, sondern schon seit geraumer Zeit vornehmlich zum wirtschaftlichen Schutze der Verbraucher — gegen Täuschung und Ausbeutung — dringend erforderlich geworden. Um sie auf Grund dieses Gesetzes erlassen zu können, bedarf es demnach einer entsprechenden gesetzlichen Ermächtigung des zuständigen Herrn Reichsministers, und zwar werden hierbei nicht nur die Lebensmittel, sondern auch andere Gegenstände des täglichen Bedarfs zu berücksichtigen sein.

Weiter ist bei dieser grundsätzlichen Änderung des bisherigen Gesetzes die Frage zu prüfen, ob oder inwieweit auch die Konsumvereine denselben Vorschriften wie die Industrie und der Handel zu unterwerfen sind. Denn nach der Rechtsprechung findet in solchen Konsumvereinen, die lediglich eine distributive Tätigkeit ausüben, kein „gewerbsmäßiges" Feilhalten und Verkaufen statt. Infolgedessen genießen diese Vereine zurzeit wesentliche, seinerzeit nicht beabsichtigte Vorteile (vgl. z. B. § 4 des Margarinegesetzes vom 15. Juni 1897 und §§ 6, 19 des Weingesetzes vom 7. April 1909), deren Berechtigung jedenfalls einer Erörterung bedarf.

Schließlich wird im § 5 auch noch eine Ermächtigung des zuständigen Herrn Reichsministers zur Aufstellung von Grundsätzen, wonach die erforderlichen technischen Untersuchungen auszuführen sind, vorzusehen sein.

Zwischen § 5 und § 6 oder in § 5 dürfte weiter eine Bestimmung einzufügen sein, die den Herrn Reichsressortminister ermächtigt, Verordnungen auch zum Schutze der Rohstoffe zu erlassen, d. h., je nach der Lage der wirtschaftlichen Verhältnisse — insbesondere während der Übergangszeit — zu verbieten, daß gewisse Rohstoffe, an denen vorübergehend Mangel herrscht, unzweckmäßig auf wirtschaftlich entbehrliche oder gar unerfreuliche Zubereitungen — z. B. auf gewisse Ersatzlebensmittel — verarbeitet werden.

§ 6 des Gesetzes gibt bisher die Möglichkeit, im Verordnungswege das gewerbsmäßige Herstellen, Verkaufen und Feilhalten von solchen Gegenständen, die zur Fälschung von Nahrungs- oder Genußmitteln bestimmt sind, zu verbieten oder zu beschränken. Es wird zu prüfen sein, ob dieses Verordnungsrecht nicht auch auf das Ankündigen, Ansichbringen und Verkaufsvermitteln solcher Gegenstände auszudehnen sein wird, deren Verwendung bei der Herstellung, Behandlung oder Bearbeitung bestimmter Nahrungs- oder Genußmittel schlechthin unzulässig ist (vgl. auch § 26 Abs. 1 Ziffer 3 des Weingesetzes vom 7. April 1909).

§ 7 schreibt vor, daß die auf Grund von §§ 5 und 6 erlassenen Verordnungen (Ausführungsbestimmungen) dem Reichstage alsbald vorzulegen sind, und er gibt dem Reichstage zugleich das Recht, zu verlangen, daß ihm nicht genehme Verordnungen außer Kraft gesetzt werden. Eine derartige Beschränkung des Verordnungsrechts enthalten die später erlassenen Sondergesetze über den Verkehr mit Butter, Käse, Schmalz und deren Ersatzmitteln, mit Wein, Fleisch usw. nicht. Im Hinblick darauf, daß demnächst in weit größerem Umfange als bisher über den Verkehr mit verschiedenen Lebensmitteln klare Bestimmungen erlassen werden müssen, und daß eine Aufhebung derartiger Vorschriften bald nach ihrem Erlaß nicht nur eine Rechtsunsicherheit, sondern zugleich auch große wirtschaftliche Schäden zur Folge haben kann, wird zu prüfen sein, ob sich nicht ein Weg finden läßt — z. B. durch Einholung der Zustimmung eines Ausschusses des Reichstages zum Erlaß der Verordnungen —, der eine gewisse Stetigkeit gewährleistet.

Zuwiderhandlungen gegen die auf Grund des Gesetzes erlassenen Verordnungen wurden bisher im § 8 mit einer Höchststrafe von nur 150 Mark oder mit einer entsprechenden Haftstrafe bedroht. Da jedoch künftig die Verordnungen im wesentlichen den Charakter von Ausführungsbestimmungen zu den wichtigsten §§ 10—14 erhalten werden, so müssen naturgemäß die Zuwiderhandlungen gegen sie mit entsprechenden angemessenen Strafen bedroht werden.

§ 9 des Gesetzes bedroht den mit einer Geldstrafe von 50—150 Mark oder mit Haft, der den Vorschriften der §§ 2—4 zuwider den Eintritt in die Räumlichkeiten, die Entnahme einer Probe oder die Revision verweigert. Erfahrungsgemäß kommen derartige Zuwiderhandlungen nur bei solchen Personen vor, die das Gesetz bewußt verletzt haben und daher vorsätzlich die polizeilich erforderlichen Feststellungen verhüten wollen. Infolgedessen haben bisher schon häufiger die Polizeibehörden die Kontrolle unter Mitwirkung eines Beamten, der als Hilfsbeamter der Staatsanwaltschaft vereidigt ist, vornehmen lassen, damit unter Umständen unmittelbar im Anschluß an die Verweigerung der Kontrolle oder Probeentnahme eine Durchsuchung und gegebenenfalls eine Beschlagnahme von Beweisstücken stattfinden kann. Dieses Verfahren ist aber nicht überall durchführbar. Infolgedessen wird § 9 zum Schutze der Verbraucher gegen gemeingefährliche Fälscher künftig weit höhere Strafen als bisher vorsehen müssen.

Die Neubearbeitung des § 10, des wirtschaftlich wichtigsten Paragraphen des Nahrungsmittelgesetzes, dürfte besondere Schwierigkeiten bereiten. In ihn muß vor allem die künftig nicht mehr entbehrliche Bundesratsverordnung vom 26. Juni 1916 gegen irreführende Bezeichnung von Nahrungs- und Genußmitteln sowie § 367 Ziffer 7 des Strafgesetzbuches hineingearbeitet werden. Diese beiden Vorschriften enthalten lediglich objektive Tatbestandsmerkmale und überlassen es dem Richter, von Fall zu Fall zu prüfen, ob nach allgemeinen strafrechtlichen Grundsätzen aus subjektiven Gründen eine Verurteilung zu erfolgen hat und welche Strafe angemessen erscheint. Entsprechend ist der Gesetzgeber z. B. auch beim Erlaß der Verordnungen über fetthaltige Zubereitungen vom 26. Juni 1916 und 10. März 1920 sowie über Fleischbrühwürfel und deren Ersatzmittel vom 25. Oktober 1917 verfahren. Hiergegen bestanden insbesondere deswegen keine Bedenken, weil jede Verurteilung mindestens ein Verschulden (eine culpa) zur Voraussetzung hat, und bereits nach allgemeinen strafrechtlichen Grundsätzen bei fahrlässigen Gesetzesverletzungen eine weit weit niedrigere Strafe verhängt wird, als bei wissentlichen oder vorsätzlichen. Im übrigen entsprechen die bisher im § 10 des Gesetzes vorgesehenen Strafen bei weitem nicht mehr den veränderten Verhältnissen; sie wurden schon vor dem Kriege häufig — z. B. wenn jemand fortgesetzt umfangreiche Fälschungen vorgenommen hatte — als zu gering empfunden. Bereits vor dem Beginn der großen Preissteigerung hat z. B. die Bundesratsverordnung über Ersatzlebensmittel vom 7. März 1918, die auch nicht zwischen wissentlichen und fahrlässigen Verfehlungen unterscheidet, im § 16 angedroht: „Mit Gefängnis bis zu einem Jahre und mit Geldstrafe bis zu 10000 Mark oder mit einer dieser Strafen wird bestraft." Im Hinblick darauf, daß gegen die Nahrungsmittelfälscher — von der gegenwärtigen Entwertung des Geldes ganz abgesehen —, unter den veränderten wirtschaftlichen Verhältnissen ganz andere Abwehrmaßregeln erforderlich geworden sind als früher, wird zu prüfen sein, ob sogar die in der Ersatzlebensmittelverordnung s. Zt. vorgesehene Strafe im § 10 des Nahrungsmittelgesetzes heute noch ausreichen würde oder erheblich überschritten werden muß. Denn ganz selbstverständlich wird der Richter von Fall zu Fall prüfen, welche Strafe angemessen ist, aber der Gesetzgeber muß ihm die Möglichkeit geben, in schwerwiegenden Fällen wirklich angemessene Strafen zu verhängen.

Zu der künftigen Gestaltung des **§ 11** des Gesetzes sowie überhaupt zu der Frage, inwieweit er noch weiter wird bestehen müssen, läßt sich erst dann Stellung nehmen, wenn feststeht, welche Fassung § 10 erhält.

Zu §§ 12—14 sind wesentliche Änderungsvorschläge kaum zu machen. Immerhin wird beim § 12 Abs. 1 Ziffer 2 zu prüfen sein, ob und gegebenenfalls wie weit der Kreis der Gebrauchsgegenstände zu erweitern ist, oder ob es sich nicht empfiehlt, hier schlechthin zu sprechen von den „anderen Gegenständen des täglichen Bedarfs." Im § 14 wird weiter ebenfalls die Höhe der Geldstrafe erörtert werden müssen.

Im § 15 wird im Hinblick auf die bisherige Rechtsprechung des Reichsgerichts eine dem § 31 Abs. 3 des Weingesetzes vom 7. April 1909 sowie dem § 28 Abs. 2 des Branntweinkontingentgesetzes vom 14. Juni 1912 und § 197 des Branntweinmonopolgesetzes vom 26. Juni 1918 entsprechende Vorschrift aufzunehmen sein, die die Einziehung auch dann anordnet oder ermöglicht, wenn die Strafe gemäß § 73 des Strafgesetzbuches nicht auf Grund des Nahrungsmittelgesetzes zu bestimmen ist. Ferner wird zum Ausdruck zu bringen sein, daß die Bestimmungen der §§ 40 und 42 des Strafgesetzbuches (z. B. daß Gegenstände, die zur Begehung eines vorsätzlichen Vergehens oder Verbrechens bestimmt sind, eingezogen werden können, sofern sie dem Täter oder Mittäter gehören) durch das Nahrungsmittelgesetz unberührt bleiben. Denn das Reichsgericht hat bisher die Ansicht vertreten, § 15 des Nahrungsmittelgesetzes habe die hier in Betracht kommende Materie erschöpfend geregelt; daher seien §§ 40, 42 des Strafgesetzbuches neben § 15 des Nahrungsmittelgesetzes nicht anwendbar. Diese Rechtsauffassung hat schon wiederholt zu Bedenken Anlaß gegeben (z. B. bei Entscheidungen über Anträge auf Einziehung von Maschinen, die zur Herstellung verfälschter Lebensmittel, insbesondere von verfälschter Butter, gebraucht worden waren).

Im Zusammenhange hiermit fragt es sich, ob es nicht zweckmäßig sein wird, einen Weg zu suchen, der es ermöglicht, den bei der Verwertung der eingezogenen Gegenstände erzielten Erlös zur Herabsetzung der Kosten der polizeilichen Lebensmittelkontrolle zu verwenden (etwa in Form von Beihilfen zu den Kosten der Unterhaltung der öffentlichen Nahrungsmittel-Untersuchungsanstalten seitens der zuständigen Landeszentralbehörden).

Zu § 16. Da nach Ansicht des Reichsgerichts die Veröffentlichung des Strafurteils eine Nebenstrafe und daher dann nicht anzuwenden ist, wenn im Falle ideellen Zusammentreffens die Strafe nicht aus dem Nahrungsmittelgesetz zu erkennen ist, während nach den Motiven zu diesem Gesetz die Veröffentlichung nicht den Charakter einer Nebenstrafe im eigentlichen Sinne hat, sondern eine besonders verstärkte Bekanntmachung des ohnehin für die öffentliche Verkündung bestimmten Strafurteils darstellen soll, schreiben § 28 Abs. 2 des Branntweinkontingentgesetzes vom 14. Juni 1912 sowie § 197 des Branntweinmonopolgesetzes vom 26. Juni 1918 vor, daß die Veröffentlichung auch dann zulässig ist, wenn die Strafe gemäß § 73 des Strafgesetzbuches auf Grund eines anderen Gesetzes zu bestimmen ist. Eine entsprechende Vorschrift dürfte auch in § 16 Abs. 1 des Nahrungsmittelgesetzes aufzunehmen sein, um den ursprünglichen Willen des Gesetzgebers klar zum Ausdruck zu bringen.

Im § 16 Abs. 4 ist bisher nicht klar zum Ausdruck gebracht worden, daß den rechtskräftig Verurteilten auch die Kosten zur Last fallen, die durch die notwendige polizeiliche Untersuchung nicht zu beanstandender Überführungsstücke (z. B. von Milchstallproben und Proben aus Packungen des Lieferanten) erwachsen sind. Allerdings kommen zurzeit insoweit auch §§ 161, 497 der Strafprozeßordnung in Betracht, jedoch dürfte es zweckmäßig sein, diese Kostenfrage im Nahrungsmittelgesetz tunlichst erschöpfend zu regeln, zumal der Abs. 4 dem § 16 erst durch das Sondergesetz vom 29. Juni 1887 eingefügt worden ist, und man damals (vgl. die Motive zu diesem Gesetz) anscheinend an diese notwendigen, durch das Verschulden des Verurteilten der Polizei erwachsenen Kosten nicht gedacht hat, weil damals nach dieser Richtung Erfahrungen noch nicht vorlagen. Weiter sollte man auch die der Polizei durch den Ankauf oder die Entnahme von Proben erwachsenen sonstigen notwendigen Kosten besonders berücksichtigen, zumal nicht alle Proben im Sinne von § 2 des Gesetzes entnommen werden und entnommen werden können.

Nach den Motiven zu dem vorerwähnten Ergänzungsgesetz vom

29. Juni 1887 sollte § 16 Abs. 4 des Nahrungsmittelgesetzes nicht nur bei rechtskräftigen strafrechtlichen Verurteilungen aus diesem Gesetz, sondern seinem Zweck entsprechend auch darüber hinaus Anwendung finden können. Denn es heißt z. B. in den Motiven wörtlich: „Dabei soll es auch keinen Unterschied machen, ob die Verurteilung auf eine spezielle Vorschrift des Nahrungsmittelgesetzes, oder auf eine allgemeine Strafbestimmung des Strafgesetzbuches gegründet worden ist.“ Gelegentlich haben sich daher Gerichte auf den Standpunkt gestellt, daß dasselbe auch von einer Verurteilung auf Grund einer rechtsgültigen Polizeiverordnung über den Verkehr mit Milch gelten müsse. Denn derartige Verordnungen werden bisher bekanntlich auf Grund besonderer Landesgesetze erlassen. Der Reichstag hat seinerzeit den Entwurf für das Ergänzungsgesetz vom 29. Juni 1887 ohne wesentliche Erörterungen verabschiedet. Mithin wird die Fassung des Abs. 4 des § 16 des Nahrungsmittelgesetzes einer Nachprüfung zu unterziehen und gegebenenfalls klarer zu gestalten sein. Ich darf nach dieser Richtung auf den von mir auf der 7. Jahresversammlung der Freien Vereinigung deutscher Nahrungsmittelchemiker in Bad Nauheim am 30. Mai 1908 gehaltenen Vortrag Bezug nehmen (Zeitschr. für Untersuchung der Nahrungs- und Genußmittel 1908, 16, 129—139).

Zu § 17. Die Länder haben seinerzeit bekanntlich zwecks Durchführung einer ausreichenden Kontrolle und zur Verminderung der hierdurch den Gemeinden oder Gemeindeverbänden erwachsenden polizeilichen Kosten auf die den Staatskassen zustehenden Geldstrafen zugunsten der Kassen verzichtet, welche die Kosten der Unterhaltung der öffentlichen Anstalten zur technischen Untersuchung von Nahrungs- und Genußmitteln im Sinne dieses Gesetzes tragen. Denn die Überwachung des Verkehrs mit Lebensmitteln ist Aufgabe der örtlichen Polizeiverwaltungen. Also nicht den genannten Anstalten, sondern den Gemeinden oder Gemeindeverbänden als Trägern der polizeilichen Kosten fließen unmittelbar oder mittelbar die Geldstrafen zu, soweit sie von Verurteilten gezahlt werden. Dieser Sachverhalt ist schon wiederholt verkannt worden, und er hat daher schon vielfach zu der Anregung Anlaß gegeben, die Bestimmungen des § 17 aufzuheben. Hierbei ist aber übersehen worden, daß dadurch die Gemeinden zugunsten der Staatskassen einen erheblichen Ausfall erleiden würden, und daß die Folge davon eine entsprechende Einschränkung der Nahrungsmittelkontrolle sein dürfte, was aber nicht dem Willen des Gesetzgebers entspricht, in der gegenwärtigen Zeit geradezu gefährlich wirken würde und dem redlichen Handel nicht willkommen sein kann. Hinzu kommt, daß die Kosten für die Untersuchung von Lebensmitteln und Gebrauchsgegenständen in neuerer Zeit gewaltig gestiegen sind, und sich die Finanzlage der Gemeinden bekanntlich sehr ungünstig entwickelt hat. Es kann daher schon aus diesem Grunde auf die Beibehaltung des § 17 mindestens solange nicht verzichtet werden, bis einmal eine allgemeine Verstaatlichung der öffentlichen Nahrungsmittel-Untersuchungsanstalten stattgefunden haben sollte. Im übrigen wird kein Unbefangener den beamteten unabhängigen Nahrungsmittelchemikern — ebensowenig wie den Richtern — zutrauen, daß sie mit Rücksicht auf die Kasse, aus der sie besoldet werden, pflichtwidrig unangemessen hohe Strafen anstreben. Es liegt demnach kein begründeter Anlaß dazu vor, den Forderungen gewisser Interessenten auf Aufhebung des § 17 stattzugeben, ganz abgesehen davon, daß hierdurch lediglich die Verbraucher benachteiligt, der ehrliche Handel aber keinerlei Vorteile haben würde.

So weit das allgemeine Nahrungsmittelgesetz, dessen Reform nunmehr erfolgen muß, um die rechtlichen Unterlagen für den Erlaß zeitgemäßer Ausführungsbestimmungen und sonstiger Maßnahmen zu schaffen. Bei der Beratung der Ausführungsbestimmungen wird sorgfältig zu prüfen sein, welche Anforderungen im Hinblick auf die veränderten wirtschaftlichen Verhältnisse und insbesondere auch darauf, daß das Deutsche Reich durch den Versailler Frieden ein armes Land geworden ist, an die Beschaffenheit der einzelnen Lebensmittel und Gebrauchsgegenstände bis auf weiteres noch gestellt werden können und müssen. Im Zusammenhange hiermit werden auch manche Bestimmungen der bisher über den Verkehr mit Lebensmitteln und Gebrauchsgegenständen erlassenen Sondergesetze und deren Ausführungsbestimmungen einer entsprechenden Nachprüfung zu unterziehen sein. Selbstverständlich ist es ganz unmöglich, alle diese gesundheitlich und wirtschaftlich außerordentlich wichtigen Fragen anläßlich der gegenwärtigen Tagung des Vereins deutscher Nahrungsmittelchemiker eingehend zu erörtern — ich erinnere z. B. nur an die Fragen betr. die räumliche Begrenzung der Zuckerung des Weines, die gewerbsmäßige Herstellung von Tresterwein, den Verkehr mit Süßstoffen und süßstoffhaltigen Zubereitungen, die beschränkte Verwendung gewisser Konservierungsmittel und den Verkehr mit kupfer-, blei- und zinkhaltigen Gegenständen —. Heute ist es meines Erachtens unsere Aufgabe, zunächst einmal zu der grundsätzlichen Frage Stellung zu nehmen, welcher Änderungen und zwar mit größtmöglicher Beschleunigung das allgemeine Nahrungsmittelgesetz bedarf, um alsbald und jederzeit die Ausführungsbestimmungen erlassen zu können, die im schnellen Wechsel unserer Zeit erforderlich werden. Ihnen zu diesem Zweck den Verhandlungsstoff zu sichten und im Zusammenhange hiermit aus meiner Praxis Anregungen für eine ersprießliche Diskussion zu geben, sollte der Zweck meiner Ausführungen sein.

Wenn ich nunmehr noch mit wenigen Worten auf die jetzt verlassene Sondergesetzgebung über Ersatzlebensmittel, von der ich ausgegangen bin, zurückkomme, so geschieht dies deswegen, um noch hervorzuheben, daß nicht nur die vom Reichsgesundheitsamte vor dem Kriege veröffentlichten Entwürfe zu Festsetzungen über Honig, Speisefette und Öle, Essig und Essigessenz, Kaffee, Kaffeersatzstoffe und Käse sowie die während des Krieges erlassenen Bundesratsverordnungen gegen irreführende Bezeichnung von Nahrungs- und Genußmitteln, über fetthaltige Zubereitungen, über Fleischbrühwürfel und deren Ersatzmittel, über den Verkehr mit Kakaoschalen und das Unbrauchbarmachen von gepulverten Kakaoschalen zum Genusse für Menschen, über die äußere Kennzeichnung von Waren usw., sondern auch die zu der Ersatzlebensmittelverordnung vom 7. März 1918 ergangenen Ausführungsbestimmungen und zahlreichen Runderlasse wertvolle Unterlagen für die Bearbeitung der auf Grund des abgeänderten Nahrungsmittelgesetzes demnächst zu erlassenden Verordnungen bieten, und daß somit auch die Ersatzlebensmittelgesetzgebung recht beachtenswerte Vorarbeiten für die künftige Nahrungsmittelgesetzgebung geliefert hat. Nach wie vor werden in allen wesentlichen Fragen sämtliche beteiligten Verkehrskreise zu hören sein, und es wird namentlich Aufgabe der Industrie und des Handels sein, eine geeignete Vertretung zu schaffen, die sachlich alle berechtigt erscheinenden Wünsche der einzelnen Gruppen prüft und gegeneinander abwägt, damit es möglich wird, von Fall zu Fall auch einen klaren Überblick über die wirklichen Anschauungen des redlichen Verkehrs zu bekommen.

II.

Ich gehe nunmehr zu der zweiten Frage über:

Wie wird es möglich sein, die öffentlichen Nahrungsmittel-Untersuchungsanstalten auch weiterhin lebensfähig zu erhalten?

Diese Frage hängt mit der zuvor erörterten, die Neugestaltung der Lebensmittelgesetzgebung betreffenden unmittelbar zusammen. Denn ohne öffentliche Nahrungsmittel-Untersuchungsanstalten ist die Durchführung der Lebensmittelgesetze heute nicht mehr angängig. Die Frage, wie es möglich sein wird, diese Anstalten weiterhin lebensfähig zu erhalten, bildet schon seit einiger Zeit eine ernste Sorge des für sie an erster Stelle zuständigen Preußischen Ministers für Volkswohlfahrt; sie muß im Interesse der Allgemeinheit namentlich im Hinblick auf die Zeit, in der wir leben, gelöst werden. Aber nicht nur Preußen, sondern auch die übrigen deutschen Länder sind an ihrer Lösung lebhaft beteiligt. In Preußen liegen die Verhältnisse besonders schwierig, was sich ohne weiteres aus folgendem ergeben dürfte.

Der Begriff „öffentliche Anstalt zur technischen Untersuchung von Nahrungs- und Genußmitteln" ist durch § 17 des Nahrungsmittelgesetzes vom 14. Mai 1879 geschaffen worden. In den Motiven zu diesem Gesetz heißt es an der hier in Betracht kommenden Stelle wörtlich:

> „Die vom Kaiserlichen Gesundheitsamte berufene Kommission hat, wie schon oben angeführt, die Einrichtung von technischen Untersuchungsstationen für erforderlich erklärt, wenn das Gesetz praktisch wirksam werden soll . . . Der Natur der Sache nach wird dieses Ansinnen, dergleichen Anstalten einzurichten, in erster Linie an die größeren Stadtgemeinden herantreten. Die sächlichen Kosten für die Einrichtung und Ausstattung einer solchen Anstalt, sowie die sächlichen und persönlichen Kosten für die laufende Unterhaltung derselben werden aber nicht unbedeutend sein. Um die dringend erforderliche Einrichtung zu fördern, will der Entwurf, einer von der erwähnten Kommission gegebenen Anregung folgend, die Geldstrafen, welche auf Grund dieses Gesetzes ausgesprochen werden, denjenigen Kommunen, Verbänden, kurz demjenigen zuwenden, der die Kosten der Unterhaltung einer solchen Anstalt trägt.

vorausgesetzt, daß diese den Charakter einer öffentlichen Anstalt hat. Dies soll sich aber nur auf die Geldstrafen beziehen, welche dem Staate zustehen. Die durch polizeiliche Strafverfügung festgesetzten Strafen fließen in die Kassen derjenigen Gemeinden bzw. Verbände, welche die Kosten der örtlichen Polizeiverwaltung zu tragen haben, und es liegt kein Grund vor, diese Geldstrafen namentlich den kleineren Gemeinden zu entziehen."

Infolgedessen wurden demnächst öffentliche Nahrungsmittel-Untersuchungsanstalten verschiedener Art errichtet. In Preußen haben wir z. B. neben der staatlichen Nahrungsmittel-Untersuchungsanstalt in Berlin, die hauptberuflich vornehmlich für die im Landespolizeibezirk Berlin bestehenden staatlichen Polizeiverwaltungen — demnächst für die staatliche Ortspolizeibehörde des neuen Stadtbezirks Berlin — sowie für sonstige Strafverfolgungsbehörden tätig ist und dem Preußischen Minister für Volkswohlfahrt unmittelbar untersteht, staatliche chemische Laboratorien an staatlichen Auslandsfleischbeschaustellen, die nebenamtlich für die Nahrungsmittelpolizei tätig sind und zu der landwirtschaftlichen Verwaltung ressortieren, sowie Abteilungen an staatlichen hygienischen Instituten, hygienischen und chemischen Universitätsinstituten. Außerdem haben zahlreiche Städte, Kreise und Kommunalverbände öffentliche Nahrungsmittel-Untersuchungsanstalten errichtet und für polizeiliche Zwecke zur Verfügung gestellt. Daneben gibt es weiter solche Anstalten, die von Landwirtschaftskammern geschaffen und zwar teils lediglich zwecks Mitwirkung bei der polizeilichen Überwachung des Verkehrs mit Lebensmitteln, teils als besondere Abteilungen von landwirtschaftlichen Versuchsstationen und ähnlichen Instituten. Schon hieraus ergibt sich, daß die laufenden Unkosten dieser Anstalten naturgemäß ganz verschieden groß sind und sein müssen, zumal wenn man noch berücksichtigt, daß auch viele kommunale Anstalten zugleich der Erledigung anderer, rein kommunaler Aufgaben durch Untersuchungen für Wasserwerke, Abwasseranlagen, Gaswerke, Krankenanstalten, städtische landwirtschaftliche Betriebe usw. dienen.

Wie gestalten sich nunmehr die Einnahmen dieser Anstalten aus ihrer Tätigkeit für die Lebensmittelpolizei?

Die Durchführung der Lebensmittelgesetze ist Aufgabe der örtlichen Polizeibehörden. Diese haben mithin die durch die Untersuchung der zu entnehmenden Proben von Lebensmitteln und Gebrauchsgegenständen entstehenden Kosten zu tragen. Ihre Kostenträger sind entweder der Staat oder — in der Regel — die Gemeinden. Aber selbst da, wo der Staat die Kosten zunächst trägt — z. B. in den Städten mit staatlicher Polizei, in denen diese auch die Gesundheitspolizei ausübt —, sind die Gemeinden nach dem Polizeikostengesetz an diesen Ausgaben stark beteiligt. Infolge der gewaltigen Steigerung der Ausgaben der öffentlichen Nahrungsmittel-Untersuchungsanstalten für Gehälter, Löhne, Geräte, Glassachen, Chemikalien, Gas, Elektrizität, Alkohol, Literatur usw. sind die durch die Untersuchung der Proben entstehenden Kosten entsprechend gestiegen. Aber auch die Ausgaben der Gemeinden für die allgemeinen kommunalen Zwecke sind bekanntlich in den letzten Jahren so stark gewachsen, daß die verantwortlichen Körperschaften überall nach Mitteln und Wegen suchen, um ihren Haushaltsplan nur halbwegs ausgleichen zu können. Daher ist überall größtmögliche Sparsamkeit geboten. Hierbei gibt es jedoch eine Grenze, namentlich da, wo die Einschränkung des Umfanges der Lebensmittelkontrolle mit dem pflichtgemäßen Schutz der Bevölkerung gegen Ausbeutung in gesundheitlicher und wirtschaftlicher Hinsicht nicht mehr vereinbar ist. Wo diese Grenze bei der Entnahme von Proben zu ziehen ist, läßt sich nur unter Berücksichtigung der Verhältnisse in den Bezirken der einzelnen Anstalten entscheiden.

Aus dem Vorhergesagten ergibt sich bereits, daß es nicht möglich ist, schlechthin für das gesamte Staatsgebiet einen Einheitstarif für die Untersuchung der polizeilich entnommenen Proben von Lebensmitteln und Gebrauchsgegenständen aufzustellen. Um einen gangbaren Weg zu suchen, läßt der Preußische Minister für Volkswohlfahrt zurzeit hinsichtlich jeder Anstalt Erhebungen anstellen und hierbei die Frage prüfen, ob es etwa möglich sein wird, einen Mindestpauschsatz zu ermitteln, zu dem von Fall zu Fall — je nach Lage der Verhältnisse — Zuschläge bewilligt werden können. Je größer die Anstalt ist, um so wirtschaftlicher vermag sie naturgemäß zu arbeiten, d. h. die laufenden Arbeiten einzuteilen und somit ihre Arbeitskräfte und Einrichtung voll auszunutzen, um so gerechter ist zugleich die Verteilung der Kosten. Der idealste Zustand wäre nach den bisherigen Erfahrungen wohl der, durchweg größere staatliche Nahrungsmittel-Untersuchungsanstalten einzurichten, und so die Unterhaltungskosten ganz gleichmäßig unter Berücksichtigung der gesamten Einnahmen des Staates an Geldstrafen und Untersuchungsgebühren aus § 16 Abs. 4 des Nahrungsmittelgesetzes und den entsprechenden Bestimmungen der Ergänzungsgesetze zu diesem Gesetz zu verteilen. Denn insbesondere in den leistungsschwachen kleinen Gemeinden sind die Kosten, die durch die ambulante Lebensmittel- sowie auch durch die hauptberufliche Weinkontrolle entstehen, verhältnismäßig am größten. Es fragt sich demnach, ob eine allgemeine Verstaatlichung der öffentlichen Nahrungsmittel-Untersuchungsanstalten möglich ist, und ob vielleicht demnächst sogar die Verhältnisse zu einer allgemeinen Verstaatlichung drängen werden. Die Beantwortung der ersten Frage hängt zum Teil mit der Leistungsfähigkeit und den Grundsätzen der Länder auf finanziellem Gebiet zusammen, jedoch darf bei der Prüfung dieser Frage nicht übersehen werden, daß der Staat durch die Festsetzung angemessener Gebühren die ihm durch die Verstaatlichung bestehender öffentlicher Anstalten erwachsenden Kosten besser abzuwälzen in der Lage ist, wie die Behörden, die die bisherigen öffentlichen Anstalten der zuvor angegebenen Art unterhalten, und daß gegebenenfalls dann diese Kosten sich für die Polizeibehörden voraussichtlich wesentlich günstiger als bisher gestalten werden. Die Beantwortung der zweiten Frage ergibt sich aus der Entwicklung der finanziellen Lage der Gemeinden. Anscheinend ist diese bis auf weiteres im allgemeinen eine recht ungünstige. Ich möchte hier davon absehen, zu den beiden außerordentlich wichtigen Fragen Stellung zu nehmen; der Zweck meiner Ausführungen sollte lediglich der sein, sie anzuschneiden, um hierdurch darauf hinzuweisen, daß auch diese Entwicklung der Verhältnisse sorgfältig weiter verfolgt werden muß.

Druck von C. Schulze & Co., G. m. b. H., Gräfenhainichen.

Vereinigung wissenschaftlicher Verleger
Walter de Gruyter & Co.
vormals G. J. Göschen'sche Verlagshandlung — J. Guttentag, Verlagsbuchhandlg. — Georg Reimer — Karl J. Trübner — Veit & Comp.
Berlin und Leipzig.

Druck von C. Schulze & Co., G. m. b. H., Gräfenhainichen.

Kolibri 360 GmbH
Ferdinand-Jühlke-Straße 7
99095 Erfurt, Deutschland
produktsicherheit@kolibri360.de